VENTE DU SAMEDI 8 MARS 1902

HOTEL DROUOT, SALLE N° 11

à deux heures

OBJETS D'ART

ET DE CURIOSITÉ
DE LA CHINE

PORCELAINES, OBJETS VARIÉS

JADES — ÉMAUX CLOISONNÉS

BRONZES

Appartenant à M. D***

ET PROVENANT DIRECTEMENT DE CHINE

EXPOSITION PUBLIQUE

LE VENDREDI 7 MARS 1902

DE 1 HEURE 1/2 A 5 HEURES 1/2

COMMISSAIRE-PRISEUR	EXPERTS
Me P. CHEVALLIER	**MM. MANNHEIM**
10, rue Grange-Batelière	7, rue Saint-Georges

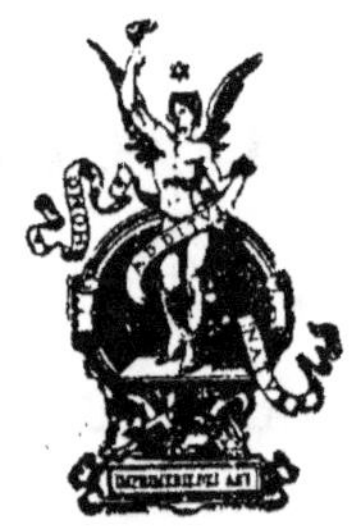

CONDITIONS DE LA VENTE

La vente sera faite au comptant.

Les acquéreurs paieront *dix pour cent* en sus des prix d'adjudication.

L'exposition mettant le public à même de se rendre compte de l'état des objets, il ne sera admis aucune réclamation, l'adjudication prononcée.

Paris. — Imprimerie de l'Art, E. MOREAU ET Cie, 41, rue de la Victoire.

DÉSIGNATION DES OBJETS

PORCELAINES

1 — Deux très petits vases cylindriques, à décor d'animaux en rouge de fer. Chine.

2 — Bol, à décor de fleurs sur fond vert-pâle. Porcelaine de Chine.

3 — Bol, fleurs sur fond bleu. Même porcelaine.

4 — Petit vase, décor de rinceaux en bleu. Chine.

5 — Aiguière en ancienne porcelaine de Chine, décor doré de fong-hoang sur fond bleu-soufflé.

6 — Bouteille émaillée foie de mulet. Chine.

7 — Bol, à couverte, dite foie de mulet. Chine. Époque Kien-lung.

8 — Vase, forme bouteille, émaillé foie de mulet. Chine. Époque Kang-chi. Socle en bois.

9 — Petit vase, forme bouteille, émaillé foie de mulet, Chine. Époque Tao-Kouang. Socle en bois.

10 — Petit vase, flambé rouge. Chine. Socle en bois.

11 — Autre vase, flambé rouge. Chine. Socle en bois.

12 — Gourde en ancienne porcelaine de Chine, émaillée gris, gaufrée sous couverte, à décor de dragons. Socle en bois.

13 — Vase-balustre, craquelé jaune. Chine. Socle en bois.

14 — Vase : dragon dans les flammes; petites anses au col. Chine.

15 — Vase-rouleau, décor de grecques en bleu. Chine. Socle en bois.

16 — Vase-balustre, céladon gris-craquelé, à décor de paysages en bleu. Chine. Socle en bois.

17 — Petit vase, céladon gris-craquelé, décor bleu, personnages. Chine. Socle en bois.

18 — Vase en céladon gris-craquelé de la Chine, orné d'animaux chimériques, en bleu et rouge de cuivre.

19 — Vase en céladon gris-craquelé de la Chine, paysages animés en bleu; zones réservées en biscuit brun.

20 — Vase en céladon gris-craquelé de la Chine : animaux en bleu; zones réservées en biscuit brun.

21 — Vase en céladon gris-craquelé de la Chine, décor en bleu de personnages; zones réservées en biscuit brun.

22 — Vase en céladon gris-craquelé de la Chine, orné de nombreux personnages en émaux de la famille rose. Socle en bois.

23 — Paire de grands vases en ancien céladon gris-craquelé de la Chine, décoré de zones ornées d'animaux biscuit brun.

24 — Plat, ustensiles sur fond bleu. Chine. Époque Kien-lung.

25 — Deux plats, décor de chevaux. Chine. Époque Kien-lung.

26 — Compotier, fleurs. Ancienne porcelaine de Chine; famille verte.

27 — Compotier, décor bleu : caractères d'écriture. Chine.

28 — Compotier, réserves sur fond vert. Chine. Époque Kien-lung.

29 — Compotier, décor doré, fond bleu-soufflé. Chine.

30 — Vase émaillé vert, à décor de zones réservées en biscuit noir. Ancienne porcelaine de Chine. Socle en bois.

31 — Petite bouteille flambée gris et brun de la Chine. Socle en bois.

32 — Vase en ancien flambé de la Chine, rouge et gris.

33 — Bouteille en ancien flambé de la Chine, rouge et gris. Socle en bois.

34 — Grosse jardinière sphérique surbaissée en ancien céladon gris-verdâtre craquelé de la Chine, à décor en relief de branchages et petits animaux. Époque des Mings. Pied en bois.

35 — Vase en ancien céladon gris-craquelé de la Chine, à décor de branchages et rochers en relief. Époque des Mings. Pied en bois.

36 — Plaque en porcelaine de Chine, époque Kien-lung, représentant en léger relief King-chang sur le Yang-Tsé, avec une poésie composée, dit-on, par l'empereur Kien-lung.

37 — Vase cylindrique en ancienne porcelaine de Chine, famille verte, décor de personnages.

38 — Vase, à forme cylindrique, en ancienne porcelaine de Chine, famille verte, à décor de lambrequins et réserves contenant des poissons et se détachant sur un fond carrelé rouge de fer.

39 — Vase en ancienne porcelaine de Chine, famille verte, à fond noir : dragon impérial.

40 — Vase, à décor d'attributs et oiseaux, réservés en blanc sur fond noir.

41 — Fragment, de forme ronde, en ancienne terre vernissée de la Chine, orné d'un dragon impérial.

OBJETS VARIÉS

42 — Neuf flacons-tabatières en verre, décor intérieur à paysages. Chine.

43 — Six flacons-tabatières variés en verre de couleur. Chine.

44 — Vase, forme bouteille, en verre blanc de la Chine.

45 — Statuette de Lao-tseu en racine sculptée. Chine.

46 — Statuette en racine sculptée d'un des huit Immortels, tenant une gourde. Travail chinois.

47 — Cinq petits éléphants en ivoire. Chine.

48 — Dix éléphants en ébène. Chine.

49 — Deux panneaux en bois laqué noir, avec applications de jade, agate, corail, etc.; vases de fleurs, paysage animé. Chine.

50 — Deux panneaux en applications de jade, cornaline, ambre, cristal de roche, améthyste, corail, cuivre doré, etc., présentant des arbres en fleurs et des rochers. Cadre en bois dur. Chine.

51 — Onze rouleaux de prières bouddhiques, en caractères mandchoux.

52 — Vue, à vol d'oiseau, des palais et des temples de Péking et des environs, peinte sur papier.

53 — Deux carrés en broderie de soie de couleurs, à personnages. Chine.

54 — Deux autres analogues.

55 — Kakemono japonais : femme assise.

JADES

56 — Canard en jade gris de la Chine. Pied en bois.

57-58 — Deux presse-papiers, en forme de rochers, en jade gris de la Chine.

59 — Lao-tseu près du cerf, jade gris de la Chine.

60 à 64 — Cinq encriers variés, en forme d'animaux chimériques. Jade gris de la Chine.

65 — Encrier en forme d'oiseau. Jade gris de la Chine.

66 — Quatre boutons de mandarins, en forme de disques, en jade gris de la Chine.

67 — Buffle couché, accompagné de son bouvier. Jade gris de la Chine.

68 — Petit brûle-parfum en jade gris de la Chine.

69 — Porte-bouquet en forme de vase-balustre, à anses-lézards. Jade gris de la Chine.

ÉMAUX

70 — Pitong en émail cloisonné du Japon. fond bleu.

71 — Paire de bouteilles : dragons, feuillages et lambrequins sur fond gris-bleu. Émail cloisonné de la Chine.

72 — Paire de petites bouteilles, fleurs sur fond bleu. Émail cloisonné de la Chine.

73 — Paire de petites gourdes, à réserves sur fond blanc. Émail cloisonné de la Chine.

74 — Paire de petites bouteilles, menus branchages sur fond bleu. Émail cloisonné de la Chine.

75 — Deux petits bols, dragons et chauve-souris sur fond bleu. Émail cloisonné de la Chine.

76 — Gourde, à panse lenticulaire, fleurs sur fond noir. Ancien émail cloisonné de la Chine.

77 — Deux gourdes, ustensiles sur fond bleu. Émail cloisonné de la Chine.

78 — Bouteille, fleurs sur fond noir. Émail cloisonné de la Chine.

79 — Brûle-parfum rond, dragons sur fond bleu. Ancien émail cloisonné de la Chine.

80 — Deux petits bols, fond noir, ustensiles. Émail cloisonné de la Chine.

81 — Deux petites coupes, dragons sur fond bleu. Émail cloisonné de la Chine.

82 — Coupe sur piédouche, rinceaux sur fond bleu; bordure noire à fleurs. Ancien émail cloisonné de la Chine.

83 — Paire de bouteilles en cuivre partiellement émaillé; dragons dans les flammes. Chine.

84 — Brûle-parfum, avec couvercle ajouré, en ancien émail cloisonné de la Chine, rinceaux sur fond bleu ; anses surélevées, pieds à mascarons chimériques, réservés en cuivre ainsi que le bouton du couvercle.

85 — Paire de vases en ancien émail cloisonné de la Chine, lambrequins et rinceaux sur fond bleu ; anses-dragons, réservées en cuivre.

86 — Paire de chandeliers, en ancien émail cloisonné de la Chine, rinceaux sur fond bleu.

BRONZES

87 — Deux statuettes de divinités assises en bronze. Chine.

88 à 90 — Trois statuettes de divinités bouddhiques, en bronze. Travail du Thibet.

91 — Statuette de Lao-tseu sur le cerf. Ancien bronze de la Chine.

92 — Figurine de gardien de temple debout. Ancien bronze de la Chine.

93 — Statuette de divinité dansant, à ses pieds le crapaud à trois pattes. Ancien bronze de la Chine.

94 — Statuette de personnage sur le Ki-lin. Ancien bronze de la Chine.

95 — Ki-lin couché en bronze de la Chine. Socle en bois.

96 — Jardinière en bronze de la Chine, ornée de chiens de Fô.

97 — Grand vase en ancien bronze de la Chine, décor en relief de dragons, fleurs et personnages. Socle en bois.

98 — Deux chandeliers en bronze de la Chine, grue sur une tortue.

99 — Grand brûle-parfum en bronze de la Chine, couvercle ajouré, orné d'un chien de Fô; anses surélevées, pieds à mascarons chimériques.

100 — Brûle-parfum tripode en ancien bronze de la Chine incrusté d'argent, décor de dragons, anses-têtes d'éléphants; pied et couvercle en bois.

101 — Brûle-parfum en forme d'animaux chimérique, sur base ovale à quatre pieds, en bronze de la Chine, de travail archaïque.

102 — Objet de culte en bronze, composé de cinq têtes de divinités, grandeur petite nature, portant des couronnes et attributs variés. Ancien travail mandchou. Socle en bois sculpté.

103 — Grand vase en bronze incrusté d'or et d'argent, à décor en relief de motifs irréguliers et lambrequins. Inscriptions sous la pièce. Ancien travail chinois.

104 — Coupe en ancien bronze taché d'or de la Chine. Marque au dragon. Socle en bois.

105 — Coupe en bronze taché d'or de la Chine. Nien-hao de Siouen-Te. Socle en bois.

106 — Brûle-parfum rond, à trois pieds et deux anses, en bronze taché d'or. Chine. Nien-hao de Siouen-Te. Socle en bois.

107 — Coupe en bronze taché d'or de la Chine. Nien-hao de Siouen-Te. Socle en bois.

108 — Brûle-parfum rond, à trois pieds et deux anses, en bronze taché d'or de la Chine. Nien-hao de Siouen-Te.

109 — Brûle-parfum rond, à deux anses surélevées et trois pieds, en bronze taché d'or. Nien-hao de Siouen-Te. Socle en bois.

110 — Brûle-parfum rond, à deux anses-torsades surélevées et à trois pieds, en bronze taché d'or. Nien-hao de Siouen-Te. Socle en bois.

111 — Grand brûle-parfum rond, à deux anses-torsades surélevées et à trois pieds, en bronze taché d'or. Nien-hao de Siouen-Te. Socle en bois ajouré et finement sculpté.

112 — Paire de petites coupes en bronze taché d'or de la Chine, anses à anneaux mouvants. Nien-hao de Siouen-Te. Socle et couvercle en bois, à bouton de cornaline.

113 — Jardinière quadrilobée en bronze taché d'or de la Chine. Nien-hao de Siouen-Te. Socle en bois.

114 — Jardinière rectangulaire, en bronze taché d'or de la Chine. Nien-hao de Siouen-Te. Socle en bois.

115 — Brûle-parfum rond, à deux anses latérales et trois pieds, avec socle, en ancien bronze taché d'or de la Chine.

116 — Brûle-parfum rond, à deux anses surélevées et trois pieds, avec socle, bronze taché d'or de la Chine. Nien-hao de Siouen-Te.

117 — Jardinière, forme barque, en bronze taché d'or de la Chine. Nien-hao de Siouen-Te. Socle en bois.

118 — Grand vase-lancelle, à anses contournées, en ancien bronze taché d'or de la Chine. Nien-hao de Siouen-Te, entouré de dragons. Base en bois.

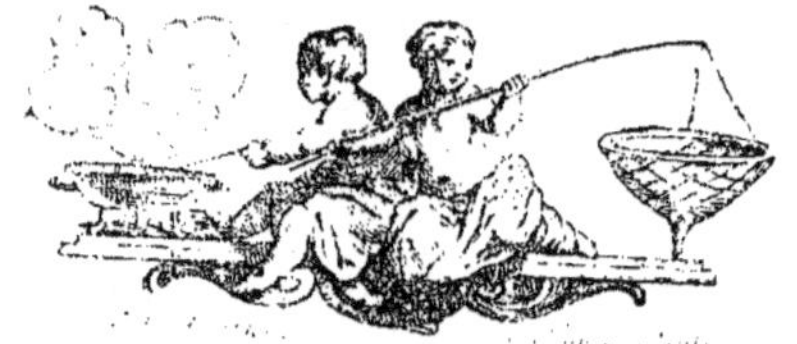